KB273087

문학과지성 시인선 40

즐거운 일기

최승자 시집

문학과지성사

문학과지성사에서 펴낸 최승자의 시집

이 시대의 사랑(1981)
기억의 집(1989)
내 무덤, 푸르고(1993)
쓸쓸해서 머나먼(2010)
빈 배처럼 텅 비어(2016)

문학과지성 시인선 40

즐거운 일기

초판   1쇄 발행 1984년 12월 20일
초판 32쇄 발행 2019년 8월 9일
재판   1쇄 발행 2021년 8월 13일
재판   4쇄 발행 2025년 3월 31일

지 은 이 최승자
펴 낸 이 이광호
펴 낸 곳 ㈜**문학과지성사**
등록번호 제1993-000098호
주   소 04034 서울 마포구 잔다리로7길 18(서교동 377-20)
전   화 02)338-7224
팩   스 02)323-4180(편집)   02)338-7221(영업)
전자우편 moonji@moonji.com
홈페이지 www.moonji.com

© 최승자, 1984, 2021. Printed in Seoul, Korea

ISBN 978-89-320-0218-7 03810

문학과지성 시인선 40

즐거운 일기

최승자

시인의 말

이 시집 중의 어느 시에서부턴가 내가 직업적으로
능청을 떨기 시작했다는 느낌이 든다.
그참, 벌써 능청이라니, 하고 말하면,
그것도 능청스럽게 들린다.
그렇다면 더욱더 시적으로 능청을 떨든가 아니면……

1984년 가을
최승자

즐거운 일기

차례

시인의 말

해설

일러두기

1. 이 책은 『즐거운 일기』(초판 발행 1984년 12월 20일)의 재판이다.
2. 맞춤법과 외래어 표기는 현행 국립국어원 규정을, 띄어쓰기는 문학과지성사 자체 규정을 우선하여 따랐다.
3. 초판의 한자어는 한글 한자 병기로 옮겼다. 다만 저자 특유의 입말이나 어휘, 방언이나 구어체 표현 등은 작품 발표 당시의 분위기를 고려하여 대부분 그대로 두었다.

즐거운 일기

끊임없이 나를 찾는 전화벨이 울리고

많은 사람들이 흘러갔다.
욕망과 욕망의 찌꺼기인 슬픔을 등에 얹고
그들은 나의 창가를 스쳐 흘러갔다.
나는 흘러가지 않았다.

나는 흘러가지 않았다.
열망과 허망을 버무려
나는 하루를 생산했고
일 년을 생산했고
죽음의 월부금을 꼬박꼬박 지불했다.

그래, 끊임없이 나를 호출하는 전화벨이 울리고
나는 피해 가고 싶지 않았다.
그 구덩이에 내가 함몰된다 하더라도
나는 만져보고 싶었다,
운명이여.

그러나 또한 끊임없이 나는 문을 닫아 걸었고
귀와 눈을 닫아 걸었다.

나는 철저한 조건 반사의 기계가 되어
아침엔 밥을 부르고
저녁엔 잠을 쑤셔 넣었다.

궁창의 빈터에서 거대한 허무의 기계를 가동시키는
하늘의 키잡이 늙은 니힐리스트여,
당신인가 나인가
누가 먼저 지칠 것인가
(물론 나는 그 결과를 알고 있다.
내가 당신을 창조했다는 것까지)

끊임없이 나를 찾는 전화벨이 울리고
그 전화선의 마지막 끝에 동굴 같은
썩은 늪 같은 당신의 구강口腔이 걸려 있었다.
어느 날 그곳으로부터 죽음은
결정적으로 나를 호명할 것이고
나는 거기에 결정적으로 응답하리라.
타들어가는 내 운명의 도화선이
당신의 썩은 구강口腔 안에서 폭발하리라.

삼십 년 전부터 다만 헛되이,
헛되고 헛됨을 완성하기 위하여.

늙은 니힐리스트, 당신은 피 묻은 너털웃음을 한번 날
리고
그 노후의 몸으로 또다시 고요히
허무의 기계를 돌리기 시작하리라.
몇 천 년 전부터 다만 헛되이,
헛되고 헛됨을 다 이루었다고 말하기 위하여.

죽음은 이미 달콤하지 않다

닫혔다 열리고
열렸다 다시 닫히려 하지 않는
(닫히면서, 결코 닫히면서)
흐르는 관棺들.

보이지 않는 곳에서 살찐 박쥐는
탈지脫脂된 흰쥐들을 감시하고

죽음은 이미 달콤하지 않다.
그것은 무미한 버튼과도 같은 것,
세계의 셔터를 내 눈앞에서 내리는.

수세기 동안 내 방房은 닫혀 있었고
외로운 옥좌 위엔 살해자의 흰 장갑.
이 세계를 나는 죽였다. 그리고
마지막으로 두 손을 씻고서

나는 돌아섰다.
지루한 업무를 비로소 끝낸 인턴처럼.

그리고 안드레이 오 안드레이
너는 거기 앉아 있었다.

바다 건너 네 사후死後의 방房 안에,
죽은 미래를 깔고서, 고요히.

지금 내가 없는 어디에서

(불길해. 오늘 밤 달빛이 불길해.
우리 엄마 자궁 속에 검붉은 암 기운이 번지나 봐.
나 돌아가야 할 곳이 흔들려, 자꾸만 물결쳐)

지금 내가 없는 어디에서
내 친구는 내 친구의 친구와 히히덕거리고

지금 내가 없는 어디에서
내 애인은 내 애인의 애인과 놀아나고

지금 내가 없는 어디에서 죽음은
내가 있는 곳으로 눈길을 돌리기 시작한다.

도망갈 수 없어! 도망가지 못해!

내 머리통은 온 아랫목을 헤매며
으으…… 즈즈…… 으깨진 무선기처럼 신음하고
남편아 네 두 손을 다고
아내야 네 두 팔을 다고,

죽음의 눈빛은 깊고도 깊어
으으…… 즈즈……
이승의 지푸라기라도 한 가닥 건네다오.

고요한 사막의 나라

만리동 다리 위에서 삼십 세의 인생은 눈이 멀어 헤맨다.
지하도에 빠지고 육교 위로 불려 가고 모든 정치적 경
제적 사랑은
어질어질하므로 황홀하다. 철새는 날아가고 사회적 문
화적
애인은 비명횡사한다. 개새끼 잘 죽었다, 너 죽을 줄
내 알았다.

오늘도 암스테르담엔 노란 햇빛 비치고 플로렌스에선
그리운
꽃들이 피어난다. 언제나 가볼 수 있을까 죽음다운 죽
음이 환히
비치는 곳으로 너의 웃음이 시원한 사이다 한 잔으로
쏟아지고
우리의 고질적인 사랑이 영화처럼 쉽게 끝났다가 심심
하면
또 영화처럼 쉽게 시작될 수 있는 곳으로.

한참 걸어가다 보면 멀쩡한 두 발이 해진 신발짝으로

변하고

　평생토록 내가 끌던 소달구지에 이제 내 시체가 실려
나갈

　고요한 사막의 나라가 아닌 곳으로.

　그러나 모래의 고장에선 아무도 뒤돌아보지 않는 법,
언제나

　있는 것만 있고 없는 것은 없다.

　보이지 않게 먼지들은 하늘 끝까지 쌓여가고

　한밤이 지나도 다른 한밤이 오지 않는다.

　사람들은 무덤 속에서 뜬눈으로 돌아눕고

　새벽은 법에 걸려 돌아오지 못한다.

　우리들의 발은 일 피트 높이에서 영원히 땅에 닿지 못
하고

　오른손은 영원히 왼편에 닿지 못한다.

　(그리고 고요한 사막의 나라에선 세월이

　흘러가는 게 아니라 앞에서 쳐들어온다,

　야비하게 복병한 죽음을 싣고서.)

197×년의 우리들의 사랑
─아무도 그 시간의 화상火傷을 지우지 못했다

몇 년 전, 제기동 거리엔 건조한 먼지들만 횡행했고 우리는 언제나 우리가 아니었다. 우리는 언제나 잠들어 있거나 취해 있거나 아니면 시궁창에 빠진 해진 신발짝처럼 더러운 물결을 따라 하염없이 흘러가고 있었고……제대하여 복학한 늙은 학생들은 아무 여자하고나 장가가버리고 사학년 계집아이들은 아무 남자하고나 약혼해버리고 착한 아이들은 알맞은 향기를 내뿜으며 시들어갔다.

그해 늦가을과 초겨울 사이, 우리의 노쇠한 혈관을 타고 그리움의 피는 흘렀다. 그리움의 어머니는 마른 강줄기, 술과 불이 우리를 불렀다. 향유고래 울음소리 같은 밤 기적이 울려 퍼지고 개처럼 우리는 제기동 빈 거리를 헤맸다. 눈알을 한없이 굴리면서 꿈속에서도 행진해 나갔다. 때로 골목마다에서 진짜 개들이 기총 소사하듯 짖어대곤 했다. 그러나 197×년, 우리들 꿈의 오합지졸들이 제아무리 집중 사격을 가해도 현실은 요지부동이었다. 우리의 총알은 언제나 절망만으로 만들어진 것이었으므로……

어느덧 방학이 오고 잠이 오고 깊은 눈이 왔을 때 제기동 거리는 "미안해, 사랑해"라는 말로 진흙탕을 이루었고 우리는 잠 속에서도 "사랑해, 죽여줘"라고 잠꼬대를 했고 그때마다 마른번개 사이로 그리움의 어머니는 야윈 팔을 치켜들고 나직이 말씀하셨다. "세상의 아들아 내 손이 비었구나. 너희에게 줄 게 아무것도 없구나." 그리고 우리는 정말로 개처럼 납작하게 엎드려 고요히 침을 흘리며 죽어갔다.

꿈 대신에 우리는

꿈 대신에 우리는 확실한 손을 갖고 싶다.
확실한, 물질적인 손.

아랍의 정의에는 칼!
아메리카의 정의에는 총!
한국의 정의에는 술! 수울?

그러나 확실함은 언제나 우리의 비몽사몽뿐,
철끈처럼 팽팽한 안개 속엔
죽은 헬리콥터들이 떠 있고
정권이 바뀌어도
이제 우린 무덤 속에서 노래하지 않는다.
먼 나라에서 문득문득 편지가 오고,
우리는 읽지 않고 돌려보낸다.
그리고 늦은 밤, 수면을 걱정하며
우리는 책을 덮고
갑자기, 닫혀진 어느 역사책 속에서
누군가 발을 동동 구르기 시작하고
우리는 주문을 외우며 잠자리에 든다.

내 주여 이 잔을,
할 수만 있다면
당신 목구멍에 흘려 넣으소서.

나날

눈알을 앞으로 달고 있어도
눈알을 뒤로 바꾸어 달아도
약속된 비전은 나타나지 않고

창가의 별이 쉬임 없이 늙어간다.
치아 끝이 자꾸 바스러져나간다.
날마다 신부들은 무덤으로 떠나가고
날마다 앞 못 보는 아기들이 한 트럭씩 태어나고
느리고 더딘 미끄러짐이 시작된다.

어둠의 볼륨을 좀더 높여라.
날마다의 커피에 증오의 독을 조금씩 더 치고
그래 그래 치정처럼 집요하게 우리는
죽음의 확실한 모습을 기다리고

그러나 냉동된 달빛 뚝뚝 떨어져 꽂히고
벽시계 과앙과앙 울리고
스틱을 든 불길한 검은 신사가
마지막 문간에 나타날 때

우리는 허리 잘린 개미 떼처럼 황급히 흩어져
습기 찬 잠의 굴 속으로 기어 내려간다.

주인 없는 잠이 오고

주인 없는 잠이 오고
잠 없는 밤이 다시 헤매고,
애들아 이게 시詩냐 막걸리냐,
겨울에 마신 술이
봄에 취하고
흘러간다 흘러가서.

나를 붙잡지 마라,
나는 네 에미가 아니다,
네 새끼도 아니다.

오냐 나 혼자 간다 가마,
늙은 몸이 시詩투성이 피투성이로.
환히 불 밝혀진 고층 건물
층층이 밝은 물이 찰랑거리고
아직은 아직은이라고 말하며
희망은 뱃가죽이 땅가죽이 되도록 기어나가고
어느 날 나는 나의 무덤에 닿을 것이다.
관棺 속에서 행복한 구더기들을 키우며

비로소 말갛게 깨어나
홀로 노래 부르기 시작할 것이다.

오늘 저녁이 먹기 싫고

오늘 저녁이 먹기 싫고 내일 아침이 살기 싫으니

이대로 쓰러져 잠들리라,

쥐도 새도 모르게 잠들어버리리라.

그러나 자고 싶어도 죽고 싶어도

누울 곳 없는 정신은 툭하면 집을 나서서

이 거리 저 골목을 기웃거리고,

살코기처럼 흥건하게 쏟아지는 불빛들.

오오 그대들 오늘도 살아 계신가,

정처 없이 살아 계신가.

밤나무 이파리 실뱀처럼 뒤엉켜

밤꽃들 불을 켜는 네온의 집 창가에서

나는 고아처럼 바라본다.

일촉즉발의 사랑 속에서 따스하게 숨 쉬는 염통들,

구름처럼 부풀어 오른 애인들의 배를 베고

여자들 남자들 하염없이 평화롭게 붕붕거리지만

흐흥 뭐해서 뭐해, 별들은 매연에 취해 찔끔거리고

구슬픈 밤 공기가 이별의 닐리리를 불러대는 밤거리.

올 늦가을엔 새빨간 루즈를 칠하고

내년엔 실한 아들 하나 낳을까

아니면 내일부터 단식을 시작할까
그러나 돌아와 방문을 열면
응답처럼 보복처럼, 나의 기둥서방
죽음이 나보다 먼저 누워
두 눈을 멀뚱거리고 있다.

밤부엉이

밤부엉이 한 마리가 창가에서
나를 꼬나보기 시작했어.
나는 허둥거리며 내 몸의
모든 기관들을 닫아버렸지만
부엉이의 눈빛이 오토머신처럼
내 몸 구석구석을 헤집어 열고
노란 방사선을 쏟아부었어.
나는 사지를 늘어뜨린 채
천천히, 차갑게 용해되어갔어.

이윽고 잠, 닫혀진 회색 강철 바다,
속으로 한 사내의 그림자가 숨어들어
내 꿈의 뒷전을 어지러이 배회하고
환각처럼 흔들리는 창가에서, 누구시죠?
내게 희미한 두통과 고통을 흘려 붓는, 누구시죠?
내 사산死産의 침상에 낮게 가라앉아,
누구시죠? 누구 누구 누구……?

밤부엉이가 밤새 내 지붕을 파먹었어.

아침엔 날이 흐렸고
벌어진 큰골 속으로 빗물이 뚝뚝 흘러들었어.
이미 죽은 내 몸뚱이 위에
누군가 줄기차게 오줌을 깔기고,
휘파람을 불며 유유히 떠나갔어.

망제望祭

기도하십시오, 주여.
기도하십시오, 우리에게.
우리가 가까웠습니다.
─ 파울 첼란, 「암야행暗夜行」에서

봄에는 속이 환히 비치는 옷을 입고
일곱 송이의 꽃을 머리에 꽂고
마지막으로 신발을 벗어버리고서,
청파동에서 수유리까지 손가락질하며
희죽거리며 걸어가고 싶다.
봄에는 황사처럼 아지랭이처럼 미쳐
수유리 하늘 끝에서
고요히 가물거리다 스러지고 싶다.

그러나 모든 까무러치지 못하는 사람들의 머리 위로
아찔한 한 시절이 가고 아득한 또 한 시절이 와,
남쪽 나라 바다 멀리 물새가 〈안〉 날고,
꽃잎은 하염없이 바람에 〈안〉 지고
이제 위로받아야 할 것은 우리,
무릎 꿇고 먼 세월을 기어가는 우리.

“우리 청춘의 유적지에선 아직도 비가 내린다더라.
그래서 멀리 누운 우리의 발가락에도
때로 빗물이 튀긴다고 하더라.
그리고 우리가 살아 있다는 헛소문이 간간이 들린다고
도 하더라.”

올봄에도 하나님은 하늘의 궁창에 새를 심고 계시고
들판 식물들은 일시에 벌어짐으로써 향내를 풍기지만
당신들은 이제 진흙과 먼지로 돌아가려 하지 않는다.
보이지 않는 발목으로 그리운 옛 시가지를 헤매며
당신들은 살아 잠든 우리의 몸뚱어리를 노린다.

당신들을 무사히 물리쳐버릴 수 있을까.
당신들을 무사히 죽음으로 되돌려보낼 수 있을까.
죽음과 삶이 상피붙는 신성神聖 코리아여
우리가 당신들을 다시 낳을 수 있을까.
자자손손 거듭 낳을 수 있을까.

보이지 않는 발목들의 낮은 헤맴을
한반도 막막한 보편으로 흐르게 할 수 있을까.

그리하여 어느 날, 사랑이여

한 숟갈의 밥, 한 방울의 눈물로
무엇을 채울 것인가,
밥을 눈물에 말아 먹는다 한들.

그대가 아무리 나를 사랑한다 해도
혹은 내가 아무리 그대를 사랑한다 해도
나는 오늘의 닭고기를 씹어야 하고
나는 오늘의 눈물을 삼켜야 한다.
그러므로 이젠 비유로써 말하지 말자.
모든 것은 콘크리트처럼 구체적이고
모든 것은 콘크리트 벽이다.
비유가 아니라 주먹이며,
주먹의 바스라짐이 있을 뿐,

이제 이룰 수 없는 것을 또한 이루려 하지 말며
헛되고 헛됨을 다 이루었다고도 말하지 말며

가거라, 사랑인지 사람인지,
사랑한다는 것은 너를 위해 죽는 게 아니다.

사랑한다는 것은 너를 위해
살아,
기다리는 것이다,
다만 무참히 꺾여지기 위하여.

그리하여 어느 날 사랑이여,
내 몸을 분질러다오.
내 팔과 다리를 꺾어

네

꽃
병
에

꽃
아
다
오

연습

한잠 자고 일어나 보면
당신은 먼 태양 뒤로 숨어 보이지 않는다.
이윽고 어 얼마 뒤, 불편한 안개 뒤편으로
당신은 어 엉거주춤 떠오르기 시작한다,
이상하게, 낯설게,
시체 나라의 태양처럼 차갑게.
나는 그 낯설고 차가운 열기에
온몸을 찔리며 포복한 채
당신에게로 기어가기 시작한다.
이윽고 거북스런 안개가 걷히고
당신과 나는 당당하게 서로를 바라본다.

그때 당신이 또 날 죽이려는 음모를 품기 시작한다.
뒤에다 무엇인가를 숨기고서
당신은 꿀물을 타 주며 자꾸만 마시라고 한다.
나는 그게 독물인 줄 알면서도 자꾸만 받아 마신다.
나는 내 두 발이 빠져 들어가는 것을 알면서도
자꾸만 빠져 들어간다.
당신은 당신이 하는 장난이

내게는 얼마나 무서운 진실인가를 모르는 체한다.

당신이 모르는 체하는 것을 모르는 체하면서,

내가 자꾸 빠져 들어가는 게 나의 사랑이라는 것을 당신은 모르고, 모르는 체하고,

그리고 보이지 않는 곳에서 진딧물이 벼룩을 낳고 벼룩이 바퀴벌레를 낳고 바퀴벌레가 거미를 낳고……

우리의 사랑도 속수무책 거미줄만 깊어가고,

또 다른 해가 차가운 구덩이에 처박힌다.

맥脈

고통은 내 몸에 닿아 극대화되지만
그러나 나를 잠시 비워 두고
낮게 낮게 포복해 가면
가느다란 물줄기처럼 약해져
저 먼 어느 지맥 속에선가
나의 고통인 듯 그의 고통인 듯
고통인 듯 즐거움인 듯,
들리누나 사방팔방으로
물 흐르는 소리. 졸졸 자알 잘,
아득하게 슬픈 기쁜 이쁜 물소리.
되흘러 들어오누나,
내 혈관 속까지.

한 목소리가

한 목소리가 허공에 숨어 있다.
눈빛을 반짝이며 십 년을
숨어 떠돌던 목소리,
언젠가 누군가의 베개맡에서
사랑해라고 말했던 목소리.

이윽고 말갛게 씻겨져나간
백골의 추억으로 그대는 일어선다.
그대의 비인 두 눈구멍을 뚫고
두 줄기의 바람이 불어 간다.

뼈의 기타 가락이 별빛처럼 부서지며
별빛 같은 물이 흘러나오고
한번 스쳐가는 바람의 활에도
석회질의 추억은 맑게 울리며
홀로 노래하기 시작한다.

　　바다 위의 내 집에는
　　흰 파도의 침실이 하나……

내가 너를 너라고 부를 수 없는 곳에서

1

어느 한순간 세계의 모든 음모가
한꺼번에 불타오르고
우연히 발을 잘못 디딜 때
터지는 지뢰처럼
꿈도 도처에서 폭발한다.

삼억 이천만 원짜리 선글라스를 낀 것은 그젯밤의 꿈,

어두운 밝음 속에서
우리가 서로를 껴안은 것은
어젯밤의 꿈,

네가 떠나고
바람 불고
내가 죽는 것은
오늘 한낮의 꿈.

2

또다시 한 세월이 끝났을 때
나의 무릎은 절단되어 있었고
너의 문은 닫혀 있었다.

네가 없는 그 거리,
나침판이, 운명 지침서가 헛돌고
한평생이, 온 인류가 헛돌고

헛도는 그 깊이로
흩어져 내리는 내 꽁지의
마지막 깃털이 보였다.

3

내가 너를 너라고 부를 수 없는 곳에서
흐르는 물은 흐름을 정지하고

이제 눈 감는 자는 영원히
다시 눈 떠 헤매지 않으리니

말없이 한 여자가 떠나가고
바다의 회색 철문이 닫혀진다.

너는 즐거웠었니

네가 나를 차버렸을 때
너는 즐거웠었니,
내 사랑 내 아가야.

어느 날 네가 병든 낙엽처럼
내 문간에 불려 떨어진다면
어느 날 네가 허깨비처럼
내 창가에 돌아와 선다면

네가 쓰러지기 전에
먼저 나를 차주지 않겠니,

다시는 내가 이 세상에 기어나오지 못하도록
모가지를 꿈틀거리며 기어나오지 못하도록
네가 쓰러지기 전에
먼저 나를 차주지 않겠니,
다정한 내 사랑 내 아가야.

가여운 내 사랑 내 아가야!

내게 새를 가르쳐주시겠어요?

내게 새를 가르쳐주시겠어요?
그러면 내 심장 속 새집의 열쇠를 빌려드릴게요.

내 몸을 맑은 시냇물 줄기로 휘감아주시겠어요?
그러면 난 당신 몸속을 작은 조약돌로 굴러다닐게요.

내 텃밭에 심을 푸른 씨앗이 되어주시겠어요?
그러면 난 당신 창가로 기어올라 빨간 깨꽃으로
까꿍! 피어날게요.

엄하지만 다정한 내 아빠가 되어주시겠어요?
그러면 난 너그럽고 순한 당신의 엄마가 돼드릴게요.

오늘 밤 내게 단 한 번의 깊은 입맞춤을 주시겠어요?
그러면 내일 아침에 예쁜 아이를 낳아드릴게요.

그리고 어느 저녁 늦은 햇빛에 실려
내가 이 세상을 떠나갈 때에,
저무는 산 그림자보다 기인 눈빛으로

잠시만 나를 바래다주시겠어요?
그러면 난 뭇별들 사이에 그윽한 눈동자로 누워
밤마다 당신을 지켜봐드릴게요.

봄

동의하지 않아도
봄은 온다.
삼십삼 세 미혼 고독녀의 봄
실업자의 봄
납세 의무자의 봄.

봄에는 산천초목이 되살아나고
쓰레기들도 싱싱하게 자라나고
삼킬 수도 뱉을 수도 없이
내 입안에서 오물이 자꾸 커간다.
믿을 수 없이, 기척처럼, 벌써
터널만큼 늘어난 내 목구멍 속으로
쉴 새 없이 덤프 트럭이 들어와
플라스틱과 고철과 때와 땀과 똥을
쿵 하고 부려놓고 가고

내 주여 네 때가 가까왔나이다
이 말도 나는 발음하지 못하고
다만 오물로 가득 찬 내 아가리만

찢어질 듯 터져 내릴 듯
허공에 둥둥 떠 있다.

즐거운 일기日記

오늘 나는 기쁘다. 어머니는 건강하심이 증명되었고 밀린 번역료를 받았고 낮의 어느 모임에서 수수한 남자를 소개받았으므로.

오늘도 여의도 강변에선 날개들이 풍선 돋친 듯 팔렸고 도곡동 개나리 아파트의 밤하늘에선 달님이 별님들을 둘러앉히고 맥주 한 잔씩 돌리며 봉봉 크랙카를 깨물고 잠든 기린이의 망막에선 노란 튤립 꽃들이 까르르거리고 기린이 엄마의 꿈속에선 포니 자가용이 휘발유도 없이 잘 나가고 피곤한 기린이 아빠의 겨드랑이에선 지금 남몰래 일 센티미터의 날개가 돋고……

수영이 삼촌 별아저씨 오늘도 캄사캄사합니다. 아저씨들이 우리 조카들을 많이많이 사랑해주신 덕분에 오늘도 우리는 코리아의 유구한 푸른 하늘 아래 꿈 잘 꾸고 한판 잘 놀아났습니다.
　　　아싸라비아
　　　도로아미타불

시간 위에 몸 띄우고

두드려라, 안 열린다.
두드려라, 만에 하나 열릴지도 모르니까.
두드려라, 안 두드리면 심심하니까.

슬퍼하기 위해
내가 이 세상에 태어났을 때,
물러가라 모든 밝음
물러가라 모든 빛들
쉬잇, 우리 모두 조용히 하자
흐르는 물결 위에서 그녀를
그대로 잠들게 하자.

그러나 모든 기억하는 자들의 머리 위로
밤은 오고
나는 나의 별에 잠시 걸터앉아
흘러온 길과 흘러갈 길을 바라본다.

만경창파 시간 위에 몸 띄우고
한 사람 온 뒤에 또 한 사람 오는구나.

한 사람 간 뒤에 또 한 사람 가는구나.

사라져라 사라져라
물밀어라 물밀어라
뭇별들 사이로 소리 없이
사라져라, 물밀어라.

누군지 모를 너를 위하여

내가 깊이 깊이 잠들었을 때,
나의 문을 가만히 두드려주렴.

내가 꿈속에서 돌아누울 때,
내 가슴을 말없이 쓰다듬어주렴.

그러고서 발가락부터 하나씩
나의 잠든 세포들을 깨워주렴.

그러면 나 일어나
네게 가르쳐줄게.
어째서 사교의 절차에선 허무의 냄새가 나는지,
어째서 문명의 사원 안엔 어두운 피의 회랑이 굽이치
고 있는지
어째서 외곬의 금욕 속엔 쾌락이
도사리고 있는지,
나의 뿌리, 죽음으로부터 올라온
관능의 수액으로 너를 감싸 적시며
나 일어나
네게 가르쳐줄게.

여성에 관하여

여자들은 저마다의 몸속에 하나씩의 무덤을 갖고 있다.
죽음과 탄생이 땀 흘리는 곳,
어디로인지 떠나기 위하여 모든 인간들이 몸부림치는
영원히 눈먼 항구.
알타미라 동굴처럼 거대한 사원의 폐허처럼
굳어진 죽은 바다처럼 여자들은 누워 있다.
새들의 고향은 거기.
모래바람 부는 여자들의 내부엔
새들이 최초의 알을 까고 나온 탄생의 껍질과
죽음의 잔해가 탄피처럼 가득 쌓여 있다.
모든 것들이 태어나고 또 죽기 위해선
그 폐허의 사원과 굳어진 죽은 바다를 거쳐야만 한다.

겨울에 바다에 갔었다

겨울에 바다에 갔었다.
갈매기들이 끼룩거리며 흰 똥을 갈기고
죽어 삼 일간을 떠돌던 한 여자의 시체가
해양 경비대 경비정에 걸렸다.
여자의 자궁은 바다를 향해 열려 있었다.
(오염된 바다)
열려진 자궁으로부터 병약하고 창백한 아이들이
바다의 햇빛이 눈이 부셔 비틀거리며 쏟아져 나왔다.
그들은 파도의 포말을 타고
오대주 육대양으로 흩어져 갔다.
죽은 여자는 흐물흐물한 빈 껍데기로 남아
비닐처럼 떠돌고 있었다.
세계 각처로 뿔뿔이 흩어져 간 아이들은
남아연방의 피터마리츠버그나 오덴달스루스트에서
질긴 거미집을 치고, 비율빈의 정글에서
땅 속에다 알을 까놓고 독일의 베를린이나
파리의 오르샹가나 오스망가에서
야밤을 틈타 매독을 퍼뜨리고 사생아를 낳으면서,
간혹 너무도 길고 지루한 밤에는 혁명을 일으킬 것이다.

언제나 불발의 혁명을.
겨울에 바다에 갔었다.
(오염된 바다)

폰 가갸 씨의 초상肖像

9시, 사무실 출입문이 폰 가갸 씨를 기운차게 연다.
의자가 걸어와 폰 가갸 씨 위에 앉는다.
볼펜이 그의 손가락을 꼬나 쥐고
활자들이 그를 꼬나보기 시작한다.

12시, 점심이 그를 잘도 먹어 치우고
때가 되면 오줌이 유유하게 그를 갈긴다.
때때로 심심해서 전화가 자꾸 그를 걸어본다.
여보십니까? 여보십시다! (존재의 딸꾹질)
시간이 가기도 하고 안 가기도 하면서
이윽고 월급봉투가 그를 호주머니에 쑤셔 넣는다.
6시 반, 54번 버스가 다시 폰 가갸 씨를 올라탄다.
원효대교가 다시 훌라당 그를 넘어간다.

현관문이 그를 열고 집어 넣는다.
따뜻한 방바닥이 그를 때려눕힌다.
잠이 아작아작 그를 갉아먹기 시작한다.
그러나 이윽고!
꿈속에서 대한민국이 열렬하게 그를 찬양하고

여의도 광장 한가운데 그의 기념비를 세운다.
코러스도 웅장하게 울려 펴지며
우러러 찬미할지어다!

여의도 광시곡

1

가물거리는 정신의 한 끝을 헤집고 나와
다시 다른 한 끝에서 침몰하기 위하여
원효대교, 그 허상의 다리를 넘어
섬으로 진입하는 사람들.
유해 색소의 햇빛에 조금씩 들끓으며
발효하기 시작하는 거대한 반죽 덩어리.
　　　　　　　　　　— 여의도는 거룩한
　　　　　　　　　　　천상天上의 빵.

2

구르는 헛바퀴의 완강한 힘, 치욕이여
중국집 짬뽕 속의 삶은 바퀴벌레여,
그래도 코를 벌름거리며
돼지들은 죽어서도 즐겁고
오, 제 먹는 게 제 살인 줄 모르는

무의식의 죄의식의 내출혈의 비몽사몽의

손들엇 탕탕!
창밖엔 찌를 듯 환한 햇빛
샛강 빈 벌판에서, 누가 노래 불러?
귀 아리게
쟁쟁하게
불끈 솟아오르는 산들,
어린 날의 메아리가 되살아나
흐야 호 바다로 내달아
바다!
일어나!
솟구쳐!
위로
위로
정점의 피
태양

3

그러나 예, 기다려야지요.
즐거운 사탕발림의 기다림.
그러나 예, 기다려야지요.
우리의 기다림에도
프리미엄이 붙을 테니까요.

오 이 느긋한 기다림의 사원에서
영원히 기다리게 하소서.
마지막 임종처럼 다가올
약속의 땅을 꿈꾸며
우리 네 활개 펴고
잠들어 있게 하소서,
지금 여기서 영원히.

4

시간은 저 혼자 능률 능률 흘러가고
보라, 우리의 오물 더미 위에서,
구린내도 그윽한 문화의 오븐 위에서
무럭무럭 김을 풍기며
거대하게 부풀어 오르는 여의도를.
　　　　　　　　　　　— 여의도는 거대한
　　　　　　　　　　　　천상天上의 빵.

그윽한 향취 속에서
저는 잠든 것도 깬 것도 아니었어요.
다만 이 세상을 손수건처럼 얌전히 접어 두고서
한 세월 아득히 눕고 싶었을 뿐이에요.
— 그때 거기에서 많은 사람들이 울고 있었는데
　나는 왜? 알지 못했죠.
— 그때 그 거리에서 검은 상복 입은 사람들이
　바다로 내닫고 있었는데
　나는 왜? 알지 못했죠.

하지만 어느 순간 내 꿈을 타고 한 마리 뱀이
내 입속으로 목구멍 속으로 들어가고
그 순간 큰골이 팽팽한 풍선처럼
내 머리 밖으로 부풀어 오르고

그때 나는 보았죠.
피골이 상접한 내 정신이
땡땡 부어 오른 내 육신의 관을 이끌고
대방 터널을 힘겹게 빠져나가는 것을.

5

날개 돋친 듯 홰를 치며
열심히 빵을 굽는 사람들
살인적으로 미소짓는 가화假花들
심장과 성기와 항문을 발랑
얼굴에 달고 다니는 사람들

혹은 삶 속에 죽음의 기념비를 세우며
심장과 성기와 항문을 꼭꼭 잠그고
막대그래프처럼 걷는 사람들
차트 같은 표정의 얼굴들

옛날의 금잔디
창가에서 노래하던
처녀들의 순한 목소리 문득 그치고
수직으로 곧게 추락하는 새들.
보이지 않게 습한 기류의 이동이 시작되고
비닐조각 볼펜 서류철,
인기 가수의 사진들, 사산된 아이들이
검은 하구로 떠내려와
검은 운명을 짜맞추기 시작한다.
─ 각성하라
　　너희의 꿈을 뒤덮을
　　홍수가 진행되고 있다.
　　그리고 너희에겐 되돌아갈 땅,

세습의 땅도 없다.

6

지렁이들도 꾸물꾸물 꿈을 꾸기 시작하고
네온사인의 젖은 미소 피어오르고
지하地下의 사자死者들도 감겼던 눈을
일제히 치켜뜨고 지상地上을 응시하는,
거두절미하고, 밤이 온다.
반신불수의 밤, 그러나 영혼불멸의 밤
반짝이는 눈을 가진 쥐새끼들은
포식의 탁자 위에서 공영 방송과
분 냄새 나는 잡지들과 주식회사
경영 방침을 논의하며
한 사회의 아마도 광대한 몇 바퀴의 헛바퀴와
한 개인의 아마도 무수한 개미 쳇바퀴가
여전히 맞물려 돌아가면서
잘 구도된, 또 하나의 완벽한

폐허를 향해 전진해 가고,

여의도는 뒤로 벌렁 누운

거대한 다족류의 벌레.

그 무수한 발끝마다 네온사인을 달고

허공을 향해 수만 개의 발가락을 꼬물거리면서

입으로는 하루 종일 먹었던 온갖 더러움을

게거품처럼 조용히 게워내고

여의도 허공 가장 깊숙한 곳에선

신神의 형상을 한 거대한 검은 아가리가

이 세계의 남은 뼈를 아득아득 씹고 있다.

— 여의도는 거룩한

천상天上의 빵.

문명

어느 날 한 사람이 블랙홀로 빨려 들어간다.
어느 날 두 사람이 블랙홀로 빨려 들어간다.
어느 날 네 사람이 블랙홀로 빨려 들어간다.
어느 날 사만 명이 블랙홀로 빨려 들어간다.
어느 날…… 어느 날……
어느 날 지구는 잠잠 무사하고

텅 빈 아시아 대륙
황량한 사막 위로 모래바람이 불어 가고
마지막으로, 실패한 한 남자 곁에
한사코, 실패한 한 여자가 눕는다.
어디선가 붉은 양수가 질펀하게
새어 흐르기 시작하고

(누구, 너희는 누구?)
허공 한 구석에서
외계인의 눈알 하나가
조소처럼 빛나고 있다.

솔리테어
—오정희 씨의 「비어 있는 들」을 읽고서

아득한 벌판
죽음의 붉은 신호등 앞에
당신은 서 있었다.
건너가지 마, 누군가
등 뒤에서 속삭였다.
결코 뒤돌아봄 없이
당신은 그대로 주저앉았다.

시간과 죽음 사이로
가랑이를 벌리고 앉아
운명의 난장판 혹은 고독의 패牌들을
쉬임 없이 흩었다 다시 모으고
또다시 흩으면서
당신은 슬금슬금 웃는다.
당신의 전신이 조금씩 허물어지면서
진흙을 게워내기 시작한다.

아득한 벌판 앞에서
당신의 그림자가 먼저 지워진다.

두 다리와 몸통이 지워지고
머리가 지워지고
오직 귀신 같은 눈빛만 남아
마지막으로 당신의 시야가
막막하게 풀어져 눕는다.

Y를 위하여

너는 날 버렸지,
이젠 헤어지자고
너는 날 버렸지,
산속에서 바닷가에서
나는 날 버렸지.

수술대 위에 다리를 벌리고 누웠을 때
시멘트 지붕을 뚫고 하늘이 보이고
날아가는 새들의 폐벽에 가득 찬 공기도 보였어.

하나 둘 셋 넷 다섯도 못 넘기고
지붕도 하늘도 새도 보이잖고
그러나 난 죽으면서 보았어.
나와 내 아이가 이 도시의 시궁창 속으로 시궁창 속으로
세월의 자궁 속으로 한없이 흘러가던 것을.
그때부터야.
나는 이 지상에 한 무덤으로 누워 하늘을 바라고
나의 아이는 하늘을 날아다닌다.
올챙이 꼬리 같은 지느러미를 달고.

나쁜 놈, 난 널 죽여버리고 말 거야
널 내 속에서 다시 낳고야 말 거야
내 아이는 드센 바람에 불려 지상에 떨어지면
내 무덤 속에서 몇 달간 따스하게 지내다
또다시 떠나가지 저 차가운 하늘 바다로,
올챙이 꼬리 같은 지느러미를 달고.
오 개새끼
못 잊어!

S를 위하여

내 애인은 태평양太平洋처럼 누워 있다.

내 애인의 눈동자 속으로

한 낯선 사내가 걸어 들어간다.

그녀의 홍채가 휘황한 꽃잎처럼

벌어졌다 접히고

일순 나의 일평생이 조용히 닫혀진다.

닫혀진 문 안에서 그들이 나를

씹고 또 씹는 소리가 들린다.

내 몸에서 육즙이 뚝뚝 떨어지고

그들은 멀리에서 입술을 쓱 닦고

남은 내 뼈다귀들을 창 밖 쓰레기통에 내던진다.

나는 쓰레기통 속에 고요히 처박혀,

그래도 밤은 아름다워,

이 지상의 누더기인 내 그림자가

보이지 않아 아름다워라고 말한다.

나는 잠시 성냥불을 켜 들고 저 문간에 불을

지를까 말까도 생각지 않는다.

성냥불이 제 홀로 툭 꺼지고

밤하늘 별들이 제 값의 빛을 되찾고
내 애인은 태평양太平洋처럼 누워 있다.
이윽고 내 애인의 꼬리가
고요히 남실거리기 시작한다.

K를 위하여

허물처럼 벗어던진 브래지어가
나무 의자 등어리에 걸려 있고
사랑은 나가 몇 달째 돌아오지 않는다.
부정한 아내야,
슬픔의 매독균을 간직한 여자야,
네가 가는 곳 그 어디마다
후광 같은 피고름의 응어리가 빛나누나.

에잇 돌아가자 돌아가자
안 넘어가는 사랑은
열 번을 찍어도 안 넘어가고
돌아가자 돌아가자
해 저물고 배고프고
피 팔아 술 마시고
우흐흐하 돌아가자
돌아간다 돌아간다
도라간다도라간다도라간다
에잇,
돌아와라 이년!
밤마다 빈 허공을 찍는 내 도끼날이 안 보이느냐?

숙淑에게

자본주이신 하나님은
오늘 밤에도 우리에게
저금리 신용 대부를 해주신다.
실체 없는 꿈의 실체 있는
이자를 받기 위하여.
참 가도가도 끝없는 천국이여,
아버님 나라의 어여쁘심이여.

희망은 연한 나뭇잎들처럼 나부끼고
어디서 그 많은 세월의 열매들이
또 무르익었다 떨어지는데
타박타박 얼마나 더 걸어야 하느냐,
무슨 꿈에 다리 절며 그래도 가야 하느냐.

자, 내가 가진 슬픔 다 모아
한 사발의 죽을 끓였으니
함께 들자꾸나.

죽음을 향해

한 발 더,

기운차게 내딛기 위해.

산산散散하게, 선仙에게

한밤중 문득 잠에서 깨어날 때
여기가 어디일까 하는 당혹감,
그리고 족쇄 같은 기억들을 이끌고
지나온 모든 길 모든 도시를 더듬어
마침내 거기가 이국 어느 도시의
기숙사 방임을 깨닫게 될 너의 한밤중.
내가 예감하는 너의 한밤중.
하지만 누가 누구를 구원할 수 있으랴.
위장이 간장을? 심장이 허파를?
고통의 물물교환은 말처럼 그렇게 쉽게는……

일찍이 나는 흘러가는 것은 마찬가지라고 생각했었다
다른 사람들이 길이로 넓이로 흘러가는 동안
나는 깊이로 흘러가는 것뿐이라고.
그러나 깨닫고 보면 참으로 엄청나구나.
내가 파놓은 이 심연
드디어는 내 발목을 낚아챌
무지몽매한 이 심연.
깊이와 넓이와 길이로 동시에 흐르기 위해선

역시 물처럼(바다!) 흘러가야 하지 않을까.
모든 숨을 다 내맡기고
빨간 염통까지 수면 위에 동동 띄운 채.

이제 진실로 어떻게 살아야 할 것인가?
십 년 전에도 십오 년 전에도
똑같은 단어와 똑같은 문법으로써
물었었던 그 질문.
그런데 어째서 그 질문의 배후에
이상한 흉칙한 그림자가 드리워지게 되었는지.
나는 언제나 내가 먹는 밥이
진실한 밥, 깨끗한 밥이기를 원했지만,
이게 뭐냐, 가해와 피해와 가학과 자학과
자기 기만으로 얼룩진 밥.
(생각나니, Das Brot der frühen Jahre?)
하지만 이런 게 삶일 줄은 몰랐다고 말하지 말자.
서른세 살(너는 서른넷) 나이에 그렇게 말한다는 건,
범죄 행위다.

시인 정호승 씨의 시 중에 이런 구절이 있더라.
"내가 그리워 그대를 부르는 날
그대는 밥그릇을 들고 별밤에 나오너라.
[⋯⋯⋯⋯]
밥그릇을 두드리며 그대 홀로 나오너라."

슬프지, 아가야?

너도 살아 있다면,
먼 바다 건너 나를 향해
네 빈 밥그릇을 두드리며 노래 불러다오,
내 사랑 내 아가야.

이젠 정말 현실적으로 배가 고파오는구나.
그 모든 것에도 불구하고 우선적으로
채워져야 할 밥통을 가진 밥통적 존재인 나는,
아니 몸 전체가 정신 전체가
커다란 빈 밥통이며 빈 밥그릇인 나는⋯⋯
그만 쓰자, 안녕.

안녕, 우리의 생물학적 사회학적 정신분석학적
삶을 위해.

20년 후에, 지후에게

지금 네 눈빛이 닿으면 유리창은 숨을 쉰다.
지금 네가 그린 파란 물고기는 하늘 물 속에서 뛰놀고
풀밭에선 네 작은 종아리가 바람에 날아다니고,

이상하지,
살아 있다는 건,
참 아슬아슬하게 아름다운 일이란다.
빈 벌판에서 차갑고도 따스한 비를 맞고 있는 것 같지.
눈만 뜨면 신기로운 것들이
네 눈의 수정체 속으로 헤엄쳐 들어오고
때로 너는 두 팔 벌려, 환한 빗물을 받으며 미소 짓
고……
이윽고 어느 날 너는 새로운 눈[眼]을 달고
세상으로 출근하리라.

많은 사람들을 너는 만날 것이고
많은 사람들이 네 눈물의 외줄기 길을 타고 떠나가리라.
강물은 흘러가 다시 돌아오지 않고
너는 네 스스로 강江을 이뤄 흘러가야만 한다.

그러나 나의 몫은 이제 깊이깊이 가라앉는 일. 봐라,
저 많은 세월의 개 떼들이 나를 향해 몰려오잖니,
흰 이빨과 흰 꼬리를 치켜들고
푸른 파도를 타고 달려오잖니.
물려 죽지 않기 위해, 하지만 끝내 물려 죽으면서,
나는 깊이깊이 추락해야 해.
발바닥부터 서서히 꺼져들어가며, 참으로
연극적으로 죽어가는 게 실은 나의 사랑인 까닭에.

그리하여 21세기의 어느 하오,
거리에 비 내리듯
내 무덤에 술 내리고
나는 알지

어느 알지 못할 꿈의 어귀에서
잠시 울고 서 있을 네 모습을,
이윽고 네가 찾아 헤맬 모든 길들을,
— 가다가 아름답고 슬픈 사람들을 만나면

그들의 동냥 바가지에 너의 소중한 은화 한 닢도
기쁘게 던져주며
마침내 네가 이르게 될 모든 끝의

시작을!

무제無題 1

1

나는 그들을 살아 넘겼다.
그러므로 나는 이미 내가 아니다.
이제 죽어도, 죽어서도
더 나아갈 곳은 없고

나는 이제 노래하라!
입도 혓바닥도 없이,

처음으로 마음이 찢어지고
마지막으로 항문이 찢어질 때까지
나는 이제 영원히 춤추라!
무릎도 발바닥도 없이,

노예선의 북소리 울리고
까마귀들의 습격이 시작될 때까지.

2

구르기로 작정하면 한없이 굴러지지만,
그러나 육체는 흘러가도
마음은 흘러가지 못하며,

어머님.
저 바다 끝 너머
내 망막의 수평선에 누워 계신
종이 같은, 뿌리 없는 어머님,
가여운 내……

내 너를 무릎 위에 얹고
가리라 가리라
앉은뱅이 시늉으로
내 너를 무덤까지 데려가리라
무덤 속에 최초로 씨 뿌리리라

(어디에도 계시옵지 않은

그대, 독기로 타오르시며

그대, 한 세상을 꺾어버리시며

그대, 그대 그늘로 일세를 뒤덮으시며,

그러나 원하신다면,

당신이 원하는 그 깊이로

고이 추락하리라.)

3

머나먼 소혹성 위에서

그녀가 까마득하게 외쳐댄다.

우리가 그녀의 외침을 듣지 못하는 것은,

우리가 듣고 싶어하지 않는 귀를 가진 까닭이다.

그러나 내 무의식의 코는 분명하게 찾아낸다.

이 파멸의 냄새,

보이잖게 살이 타는 푸른 냄새를.

책이 썩고

애인이 썩고
한 나라가 썩고

아랫목에서 어머니가 썩고 계시다.

4

보이네
한밤중에
그대의 흰 죽음.

모든 사물事物이 까무러치고
모든 사물事物의 표상表象이 까무러치고

보이네
한밤중에
떠가는 그대의 흰 죽음.

5

 ─ 그러나 언어는 여전히 하나의 울타리일 뿐이며,
 '인간은 결국 자기 자신만을 체험할 뿐이다.'

기다려라, 이제 보다 아픈 가을이 오고
비로소 나는 그치지 않는 잠을 자기 시작하리라.
두문불출 내 마음의 세월 위에
그대들의 물음이 떨어져 내리고
떨어져 내려도

답하지 않으리라,
어느 날 문득 내 창가에 불이 꺼질 때까지.

무제無題 2

1

간밤 소리 없이 이슬 내린 뒤
현관문이 가만히 울고
죽음은 우유 배달부의 길을 타고 온다.

누군가의 검은 눈빛,
늘어진 검은 손이
문고리를 부여잡고

순간, 거대한 그림자가
타이탄 트럭처럼 나를 덮치고
들렸다,
캄캄하게 낙락장송 쓰러지는 소리,
캄캄하게 한 시대가 길게 뺀는 소리.

2

1983년, 운명의 맞물림이 풀어지는 소리,

무한 궤도 속으로 떨어져 나가는 작은 객차 하나.
1983년, 하나님은 경솔했고
나는 부실했다.
오 이 모든 진땀나는 공모! 공포!
이 세계를, 이 세계의 맨살의 공포를
나는 감당할 수 없다.
그러나 밀려온다,
이 세계는,
내 눈알의 깊은 망막을 향해
수십 억의 군화처럼 행군해온다.

눈 감아요, 이제 곧 무서운 시간이 와요.
창자나 골수 같은 건 모두 쏟아버려요.
토해버려요, 한 시대의 썩은 음식물들을,
현실의 잠, 잠의 현실 속에서.
그리고 깊이깊이 가라앉아요.

(고요히 한 세월의 밑바닥을 기어가며
나는 다족류의 벌레로 변해갔다.)

3

이 시대 죽음의 잔은
이미 채워졌으니
네 몫은 필요치 않다.
그러니 가라!
어서 되돌아가라!

(한밤중에 문득 잠에서 깨어날 때
너희의 거울 속을 들여다보라.
거기, 이십 세기의 치욕인 내가
너희에게 은은한 치욕의 미소를 보내고 있을 것이다.)

만장하신 여러분
나를 죽이고 싶어 환장하신 여러분
오늘 내가 죽는 쇼는 이것으로 끝입니다.
십 년 후 똑같은 시각에
똑같은 염통을 달고
이 장소로 나와주십시오.

4

가을이 첫 국화 송이를 맺을 때
어머니 한평생 미뤄오던
한숨 피워 올리시고
표표히, 표표히 흩어지는 달무리.
살아 있는 자들은 그래도 하루의 양식을 즐길 것이며
살아 행복한 자들은 두번째 아이를 만들리니
설명할 수 없어 이 세계는 눕고
설명할 수 없어 이 세계의 길은 허공에 뜨고

한 체험의 파도의 깊이를 타고
한 채의 집이 금이 가
달빛만 받아도 기우뚱거리고,
들리누나, 오밤중에 웬 거인이
온 세상에 교교하게 오줌 누는 소리.

(담 밖에서 나를 엿보는 자 있으니
필시 나의 다른 마음일지라.*)

5

어머니는 걸어가신다, 내 머릿속에서.
세상 한 켠을 고즈넉이 울리며
어머니는 걸어가신다, 자꾸만 지구 반대편으로.
오래 걷고 오래 수고하며
해왕성을 지나 명왕성을 지나
쉬임 없이 내 꿈속을 걸어
마침내 어느 아침, 어머니는
내 문간에 당도하시리라.

그리고 이제 빛나지 않는 나날의 무덤 속에서
그러나 가능한 한 빛을 향해
한 아이가 태어날 준비를 서두르고 있다,
미명未明의 회색 창가에서.

문 밖에선 새벽 산길을 돌아온
그와 그의 마차가 나를 기다리고

멀리, 갇힌 수평선의 벽을 깨뜨리며
피 묻은 갈매기 한 마리가 탈출한다.

* 이것은 나의 일 년 신수풀이 중에 나오는 한 구절이다.

비극

죽고 싶음의 절정에서
죽지 못한다, 혹은
죽지 않는다.
드라마가 되지 않고
비극이 되지 않고
클라이맥스가 되지 않는다.
되지 않는다,
그것이 내가 견뎌내야 할 비극이다.
시시하고 미미하고 지지하고 데데한 비극이다.
하지만 어쨌든 이 물을 건너갈 수밖에 없다.
맞은편에서 병신 같은 죽음이 날 기다리고 있다 할지
라도.

악순환

근본적으로 세계는 나에겐 공포였다.
나는 독 안에 든 쥐였고,
독 안에 든 쥐라고 생각하는 쥐였고,
그래서 그 공포가 나를 잡아먹기 전에
지레 질려 먼저 앙앙대고 위협하는 쥐였다.
어쩌면 그 때문에 세계가 나를
잡아먹지 않을는지도 모른다는 기대에서……

오 한 쥐의 꼬리를 문 쥐의 꼬리를 문 쥐의 꼬리를
문 쥐의 꼬리를 문 쥐의 꼬리를 문 쥐의 꼬리를……

고백告白

토해놓은 내장을 이젠 도로 삼키겠어요.
제자리에 다 삼키고서
이쁜 플라스틱 살로 가리겠어요.

이마와 양 뺨엔 박제된 눈물방울들을
구슬 장식처럼 은은히 달고서,
두 눈 감고 뿌리부터
몰래몰래 썩기 시작하겠어요.

죽을 때까지 당신들을 교묘히 속이겠어요.
당신들이 안녕히 속을 수 있기만을 바랄 뿐예요.

속이고 또 속일 수 없는 어느 순간
거짓말처럼 가볍게
내 일평생을 건너뛰어버리겠어요.

(어쩌면 나의 외알 안경이
실수로 한 번쯤 눈물을 흘릴지도 모르지만.)

시인

시인은 여전히 컹컹거린다.
그는 시간의 가시뼈를 잘못 삼켰다.

실은 존재하지도 않는 시간의 뼈를
그러나 시인은 삼켰고
그리고 잘못 삼켰다.

이 피곤한 컹컹거림을 멈추게 해다오.
이 대열에서 벗어나게 해다오.

내 심장에서 고요히, 거미가
거미줄을 치고 있는 것을
나는 누워
비디오로 보고 싶다.

그리고 폐광처럼 깊은 잠을
꾸고 싶다.

호모 사피엔스의 밤

팽팽한 초록빛 눈알을 번들거리며
내 앞에서 공포는 무럭무럭 자라 오른다.
바오밥나무처럼 쳐내도 쳐내도
무한정 뻗어나가면서
불면의 밤, 불면의 방房을
쑥대밭처럼 뒤헝클어놓는다.
내 입속으로 내장 속으로
가지 치고 뿌리 치며 뻗어 들어온다.

새벽 여섯 시, 물먹은 싱싱한 빛을 발하며
공포는 이미 하얗게 세어버린 내 방 안을
그 무성한 이파리와 줄기로
한 치의 빈틈도 없이 뒤덮어버리고
내 배꼽을 뚫고 아랫목
구들장 속까지 뿌리내렸다.

삼십삼 년 동안 두번째로

삼십삼 년 동안 두번째로 나는
나로부터 도망갈 결심을 한다.
우선 머리통을 떼내어
선반 위에 올려놓는다.
두 팔과 두 발을 벗어
책상 위에 올려놓고
몸통을 떼내 의자에 앉힌다.
오직 삐걱거리는 무릎만으로 살며시 빠져나와
필사적으로 달리기 시작한다.
오래 달리고 달려
더 이상 달릴 수 없을 때,
가만히 쉬고 싶을 때,
저 앞에서 누군가가 걸어간다.
그에게 달려가 동정을 구한다.
그 품에서 잠시만 쉬게 해달라고,
그리고 할 수만 있다면 그 품에서
가볍게, 풍선에서 공기 빠지듯
가볍게 죽게 해달라고.
그는 못 들은 체하며 걷는다.

나는 또다시 그에게 동정을 구걸하고
이윽고 마지못해, 귀찮다는 듯
그가 나를 뒤돌아볼 때

그것은……
짓뭉개져버린 나의 얼굴.

슬로우 비디오

한 사람이
죽어가고 있다,
어두운 화면
흐린 일생 위에서.

이 패주의 길
오냐 다시 오마
이빨을 갈며

그러나 한 사람이
죽어가고 있다.

그는 분명 쓰러질 것이다.
고통처럼 행복처럼
기필코 그는 쓰러질 것이다.
사람이 쓰러지면
어떻게 쓰러지는가를
당신들에게 보여주기 위해서,
슬로우 슬로우 비디오로,

겨드랑이 털의 미세한 떨림까지.
그는 당신들의 필생의 악몽이 되고자 한다.

피하고 싶은 자는
그것을 복수심이라 일컬으며
채널을 돌려버리면 된다.
그리고 밥상머리에서 입안에 든
밥알을 오래오래 씹고 있거라.

혼수昏睡

부슬부슬 녹이 슬고
허옇게 푸르둥둥하게
피어오르다 피어 박히고
사람들──나의 아들의 아들들,
어린 개죽음들.

무너지고 무너지고
무너지면서 달려붙고 엉겨붙는 혼수昏睡
눌러붙어 독버섯처럼 재빨리
지상을 덮어가는 습한 혼수昏睡

이제 멀리서 시월의 개들이 짖기 시작하고
십일월의 안개가 차오른다.

이제 곧 그가 다리를 절룩이며
예언 속의 길을 찾아오고
붉은 달 아래 소리 없이 땀 흘리며
나는 거듭 낳을 것이다,
이 세계를

거대한 암흑덩어리를.

그리하여 내 태초의 남편아 받아라,
이 세계
이 거대한 핏덩어리를.

이것은 시초에 네가 꾸었던 꿈,
그러나 내가 완성한 꿈이다.

언젠가 다시 한번

언젠가 다시 한번
너를 만나러 가마.
언젠가 다시 한번
내 몸이 무덤에 닿기 전에.

나는 언제나 너이고 싶었고
너의 고통이고 싶었지만
우리가 지나쳐온,
아직도 어느 갈피에선가
흔들리고 있을 아득한 그 거리들.

나는 언제나 너이고 싶었고
너의 고통이고 싶었지만
그러나 나는 다만 들이켜고 들이켜는
흉내를 내었을 뿐이다.
그 치욕의 잔
끝없는 나날
죽음 앞에서
한 발 앞으로

한 발 뒤로
끝없는 그 삶의 무도舞蹈를
다만 흉내 내었을 뿐이다.

그리고 지금 나는, 너를 피해
달아나고 달아나는
흉내를 내고 있다.
어디에도 없는 너를 피해.

언젠가 다시 한번
너를 만나러 가마
언젠가 다시 한번
내 몸이 무덤에 닿기 전에.

(이 세계의
어느 낯선 모퉁이에서
네가 나를 기다리고 있기에)

시작

한 아이의 미소가 잠시
풀꽃처럼 흔들리다 머무는 곳.
꿈으로 그늘진 그러나 환한 두 뺨.

사랑해 사랑해 나는 네 입술을 빨고
내 등 뒤로, 일시에, 휘황하게
칸나들이 피어나는 소리.
멀리서 파도치는 또 한 대양과
또 한 대륙이 태어나는 소리.

오늘 밤 깊고 그윽한 한밤중에
꽃씨들이 너울너울 허공을 타고 내려와
온 땅에 가득 뿌려지리라.
소리 이전, 빛깔 이전, 형태 이전의
어둠의 씨앗 같은 미립자들이
내일 아침 온 대지에 맨 먼저
새순 같은 아이들의 손가락을 싹 틔우리라.

그리하여 이제 소리의 가장 먼 끝에서

강물은 시작되고
지금 흔들리는 이파리는
영원히 흔들린다.

대적對敵

거미는 시멘트 벽을 따라 기어가고
내 상상의 게는 머릿속 개펄을 가로지르고

혼절할 듯한 푸른 밤

그가 오는 시각을 나는 안다.
꿈의 먼 물결이 떨리고 창가에서
담배를 문 내 입술이 먼저 타들어간다.

그가 오는 시각을 나는 안다.
불 꺼진 창문들이 험한 표정으로 흔들리고
젖은 포도 위로 숨죽인 비명이 번져가고
갑자기, 저승에서 이를 닦고 있는
내 어머니의 모습도 보인다.

이윽고 아득하게 코피가 터져 흐르고
타오를 듯 푸르른 이 세계의 공포 속으로
내가 내려서기 시작한다.
안개의 계단을 하나씩 내려가며

마침내 나는 그를 너라고 부르기 시작한다.

너.
지금
내리는
밤안개의
등 뒤에 숨어 있느냐?

하산下山

참으로 이젠 이해할 수 없는
한 세월 위에 또 한 세월을 눕히고
나는 이제 가야 합니다.
보이지도 들리지도 않는,
근원적으로 피비린내 나는
이 세상의 고요 속으로
나는 처음으로 내려서겠습니다.
어떻게 왜 그래도
이 세월은 흘러가겠지만
어느 이름 없는 묘지에 다시 한번
할미꽃들 어우러져 피어났다 스러지겠지만

죽어도 눈감을 수 없을 때엔
죽어도 눈감지 않는 게 좋습니다.

그렇습니다. 나보다 더 무거운
더 괴로운 이파리 위에서라도
어디서나 흔들리는 피곤한 잎사귀 위에서라도
나는 하룻밤 단잠을 자고

확실하게 떠나겠습니다.
한 경전經典이 무너지면
또 한 경전經典을 세우며……

어머니 이것은 누구의 눈알입니까?
어머니 이것은 누구의 심장입니까?

방放

가을날 사과 떨어지듯
아는 얼굴 하나 땅 속에 묻히고
세월이 잘 가느냐 못 잘 가느냐
두 바짓가랑이가 싸우며 낡아가고

어이어이 거기 계신 이 누구신가,
평생토록 내 문 밖에서
날 기다리시는 이 누구신가?

이제 그대가 내 적이 아님을 알았으니,
언제든 그대 원할 때 들어오라.

방법적 비극, 그리고
—최승자의 시 세계

정과리
(문학평론가)

강물은 흘러가 다시 돌아오지 않고
너는 네 스스로 강江을 이뤄 흘러가야만 한다.
　　　—「20년 후에, 지芝에게」 부분

최승자의 시들은 고통스럽다. 그 고통은 시인의 표현을 빌리면 모래사막에서 사는 삶의 고통스러움이다. 왜 모래사막에서의 삶인가 하는 것은, 근원의 상실, 모태의 부재와 깊이 관련되어 있다.

슬퍼하기 위해
내가 이 세상에 태어났을 때,
　　　　　　　—「시간 위에 몸 띄우고」 부분

삼십 년 전부터 다만 헛되이,

헛되고 헛됨을 완성하기 위하여.

        —「끊임없이 나를 찾는 전화벨이 울리고」 부분

같은 구절에서 알 수 있듯, 현재 삶의 헛됨은 개인적으로는 자아의 탄생 직후부터, 일반적으로는 인류의 탄생 직후부터이다. 다시 말해 시인에게 삶의 무의미성은 생래적 조건이다. 다음과 같은 시구는 모태와 현실의 갈림, 그리고 쌍방의 훼손을 잘 알려준다.

열려진 자궁으로부터 병약하고 창백한 아이들이

바다의 햇빛이 눈이 부셔 비틀거리며 쏟아져 나왔다.

그들은 파도의 포말을 타고

오대주 육대양으로 흩어져 갔다.

죽은 여자는 흐물흐물한 빈 껍데기로 남아

비닐처럼 떠돌고 있었다.

세계 각처로 뿔뿔이 흩어져 간 아이들은

남아연방의 피터마리츠버그나 오덴달스루스트에서

질긴 거미집을 치고, 비율빈의 정글에서

땅 속에다 알을 까놓고 독일의 베를린이나

파리의 오르샹가나 오스망가에서

야밤을 틈타 매독을 퍼뜨리고 사생아를 낳으면서,

간혹 너무도 길고 지루한 밤에는 혁명을 일으킬 것이다.
언제나 불발의 혁명을.
겨울에 바다에 갔었다.
(오염된 바다)

—「겨울에 바다에 갔었다」 부분

갈림의 순간에 모태는 신생아들에게 행복한 지반이 되어주지 못하며, 신생아들이 빠져 나간 모태는 생명력을 상실한다. 죽음 그 자체가 된다. 모태는 빈 껍데기로 떠돌고 아이들은 헤매며, 언제나 파행과 실패를 낳는 행각을 벌인다. 그 근원을 상실한 헤맴은 "보이지 않는 발목"(「망제望祭」) 또는 "일 피트 높이에서 영원히 땅에 닿지 못하"는 "우리들의 발"(「고요한 사막의 나라」)이라는 분명한 표현을 얻는다. 애초에 우리의 삶은 허망하다. 뿐 아니라, 허망은 부풀어 오른다. 이 세상에서의 삶에 대한 환상은 맹목적으로, 방향도 정도도 없이 자동증식한다. "날개는 풍선 돋힌 듯" 팔리고, "여의도"는 "구린내도 그윽한 문화의 오븐 위에서/무럭무럭 김을 풍기며/거대하게 부풀어 오르"며(「여의도 광시곡」).

그리고 보이지 않는 곳에서 진딧물이 벼룩을 낳고 벼룩이 바퀴벌레를 낳고 바퀴벌레가 거미를 낳고……

—「연습」 부분

처럼 악순환한다. 동시에 그 구역질 나는 포만의, 허망
한 삶을, 사람들은 즐겁게 받아들인다. 거짓 의식에 매
몰되어 있는 것이다.

> 구르는 헛바퀴의 완강한 힘, 치욕이여
> 중국집 짬뽕 속의 삶은 바퀴벌레여,
> 그래도 코를 벌름거리며
> 돼지들은 죽어서도 즐겁고
> 오, 제 먹는 게 제 살인 줄 모르는
> 무의식의 죄의식의 내출혈의 비몽사몽의
>
> ──「여의도 광시곡」 부분

"폰 가갸 씨"를 "사무실 출입문이 기운차게" 열고
"원효대교가 다시 홀라당" 넘어가듯(「폰 가갸 씨의 초
상」) 인간은 객체화 사물화되어 있지만, 거짓 의식에 매
몰되어 있기 때문에 그의 꿈속에서 세상은 그를 우렁차
게 찬미한다.

그 거짓 의식의 허망한, 사물화된 삶의 흐름은 파멸
을 예비하고 있다. 그러나 거짓 의식의 세계이기 때문
에, 파멸은 사람들에게 의식되지 않는다.

> i) 간밤 소리 없이 이슬 내린 뒤
> 현관문이 가만히 울고

죽음은 우유 배달부의 길을 타고 온다.

—「무제無題 2」 부분

ii) 그리고 고요한 사막의 나라에선 세월이

　　흘러가는 게 아니라 앞에서 쳐들어온다,

　　야비하게 복병한 죽음을 싣고서

—「고요한 사막의 나라」 부분

iii) 어느 한 순간 세계의 모든 음모가

　　한꺼번에 불타오르고

　　우연히 발을 잘못 디딜 때

　　터지는 지뢰처럼

　　꿈도 도처에서 폭발한다.

—「내가 너를 너라고 부를 수 없는 곳에서」 부분

파멸은 우유 배달부의 길을 타고, 일상적이듯 남모르게 진행되어 온다(i). 그러나 어느 한 순간, 파멸은 느닷없이 폭발한다(ii, iii). "쉬임없이 늙어가는" 세월은 "느리고 더딘 미끄러짐"이지만, 그 양적 팽창은 "냉동된 달빛 뚝뚝 떨어져 꽂히고/벽시계 과앙과앙 울리는"(「나날」) 파멸의 급작스런 질적 변화를 예비하고 있다. 그 야비한, 느닷없는 닥침은 자아에게 끔찍한 공포를 유발한다. 막막히 행군해 쳐들어 오는 고통의 폭발은, 피할 길이 없기에, 더 고통스럽다. 왜 피할 길이 없는가. 이 세상에 나온 순간, 근원·모태는 이미 죽음의 세계이기 때문이다. 달리 말해 진정한 의미에서의 모태란 이제 없기 때문이다. "자고 싶어도 죽고 싶어도/누울 곳" 없다(「오늘 저녁이 먹기 싫고」). "되돌아갈 땅,/세습의 땅도 없다"(「여의도 광시곡」). 그래서 돌아가려는 의지는,

우흐흐하 돌아가자

돌아간다 돌아간다

도라간다도라간다도라간다

—「K를 위하여」 부분

처럼, 의지의 자체 순환성으로 폐쇄되어버린다. 처음 왔던 곳으로 되돌아간다는 뜻의 돌아감은, 한 자리를 뱅뱅 맴돈다는 뜻의 돌아감으로 변질되는 것이다.

지금, 이곳의 세계를 근원이 상실된 삶의 세계로 파악하고 있는 최승자의 시들은 세계 자본주의의 구조에 대한 정직한 인식(자본주의란 관념적으로는 내재성이 파괴된 세계이다)이며, 동시에 그 근원 상실을 생래적 조건으로 받아들이고 있다는 점에서 사르트르적이다. 그러나, 이 세계에의 완벽한 던져짐, 완전한 갇힘에도 불구하고, 모태에 대한 기억을 간직하고 있다는 점에서 비非사르트르적이다.

지금, 이곳의 세계에 절대적으로 갇혀 있다는 인식
은, 하지만 모태/현실의 대립을 심층에 깔고 있기 때문
에, 다시 말해 모태의 세계를 명료한 형태로 상정하고
있기 때문에, 절대성의 와해 혹은 풀림을 마련한다. 물
론 자아는 그 모태의 세계를 확실히 알고 있지는 못하
다. 알고 있다면, 그 알고 있음만으로도 이 세계의 고통
은 덜 수 있겠지만, "새를 가르쳐주시겠어요?"라는 질
문처럼 모르기 때문에, 고통은 완벽한 그 자체로 있다.
하지만 그럼에도 그 모태를 기억하는 자가 있다(「시간
위에 몸 띄우고」). 그 기억은 의식적 기억이 아니라, 무
의식적 기억이다.

우리가 그녀의 외침을 듣지 못하는 것은,
우리가 듣고 싶어하지 않는 귀를 가진 까닭이다.
그러나 내 무의식의 코는 분명하게 찾아낸다.
—「무제無題 1」 부분

우리는 의식 속에서 모태에 대한 기억을 거부한다.
거짓 의식에 젖어 있기 때문이다. 그러나 무의식의 코
는 분명하게 찾아낸다. 그래서 무의식적 기억은 자아로
하여금,

[……] 언제나 가볼 수 있을까 죽음다운 죽음이 환히

비치는 곳으로 너의 웃음이 시원한 사이다 한 잔으로
쏟아지고
　　우리의 고질적인 사랑이 영화처럼 쉽게 끝났다가 심심
하면
　　또 영화처럼 쉽게 시작될 수 있는 곳으로.
—「고요한 사막의 나라」 부분

혹은,

　　깊이와 넓이와 길이로 동시에 흐르기 위해선
　　역시 물처럼(바다!) 흘러가야 하지 않을까.
—「산산散散 하게, 선仙에게」 부분

에서 보이듯, 막연하나마 그 시원의 세계를 지향하게
한다. 그래서 모태에 대한 추억이 자아의 살아감의 이
유 그리고 방식을 결정한다. 저항인가? 초월인가? 아니
면 외면인가.
　　완벽한 갇힘의 현실에 대한 우리의 저항은 언제나 도
로에 그친다.

　　닫혔다 열리고
　　열렸다 다시 닫히려 하지 않는
　　(닫히면서, 결코 닫히면서)

흐르는 관棺들.

—「죽음은 이미 달콤하지 않다」 부분

이고

　　[……] 197×년, 우리들 꿈의 오합지졸들이 제아무리 집중 사격을 가해도 현실은 요지부동이었다. 우리의 총알은 언제나 절망만으로 만들어진 것이었으므로……

—「197×년의 우리들의 사랑」 부분

이며, "어둠의 볼륨을 좀더 높"이고 "날마다의 커피에 증오의 독을 조금씩 더 치"며 "죽음의 확실한 모습을 기다"려도, 죽음이 닥쳐온 순간엔 공포에 질려 도망가기에 급급하다(「나날」). "으으……즈즈……으깨진 무선기처럼 신음하고" "이승의 지푸라기라도 한가닥 건네다오"라고 갈구하지만(「지금 내가 없는 어디에서」), 구원의 지푸라기는 어디에도 없다. 닫혀진 관인 채로 흘러갈 뿐이다. 그 흘러감은 무릎 꿇은, 치욕적인 굴종의 기어감이다.

　　이 절대 고통은 자아로 하여금 삶 자체를 부인하게 한다.

　　다시는 내가 이 세상에 기어나오지 못하도록

모가지를 꿈틀거리며 기어나오지 못하도록
네가 쓰러지기 전에
먼저 나를 차주지 않겠니,
다정한 내 사랑 내 아가야.

—「너는 즐거웠었니」부분

처럼 그 부인은 필사적이다. 삶을 부인한다면? 죽음일
뿐이다. 다시 말해, 삶 이전 모태는 이젠 죽음이다. 이
사르트르적 세계 인식은 그러나, 그 죽음이 "모태"라는
변별적 형상을 갖고 있기 때문에, 지향점이 되어준다.
죽음은 무가 아닌 것이다. 그 지향성을 통해 자아는 이
세상에 맹목적으로 휘말려 있는 사람들과 스스로 구별
된다. 그 구별의 대립은 일차적으로는 흘러감/흘러가지
않음의 대립이다.

많은 사람들이 흘러갔다.
욕망과 욕망의 찌꺼기인 슬픔을 등에 엎고
그들은 나의 창가를 스쳐 흘러갔다.
나는 흘러가지 않았다.

나는 흘러가지 않았다.
열망과 허망을 버무려
나는 하루를 생산했고

일 년을 생산했고

죽음의 월부금을 꼬박꼬박 지불했다.

—「끊임없이 나를 찾는 전화벨이 울리고」 부분

다른 사람들이 이 세상의 허망함에, 거짓 의식에, 사물화에 빠져 욕망과 슬픔이 범벅이 되어 흘러갈 때, "나"는 흐르지 않는다. 세상의 무의미성 혹은 그에 대한 인식을 "피해가고 싶지 않았"기 때문이다. 그 '피해가고 싶지 않음―흐르지 않고 남아 있음'은 위상적으로는 밑으로 내려감이다. 다시 말해 수평성/수직성의 대립이다. 그 수직적 내려감은 죽음 혹은 모태 혹은 무덤으로의 내려감이다. 그 내려감을 통해 자아는 구원될 수 있으리라고 믿었을까. 그랬을지도 모른다. "뱃가죽이 땅가죽이 되도록 기어나가"는 "희망"에 집착하느니보단, 무덤으로 내려가, 어느 날 살아, 구원은 아니더라도 적어도 말갛게 깨길 기원했으니까.

어느 날 나는 나의 무덤에 닿을 것이다.

관棺 속에서 행복한 구더기들을 키우며

비로소 말갛게 깨어나

홀로 노래부르기 시작할 것이다.

—「주인 없는 잠이 오고」 부분

구원이 될 수 있을지도 모른다는 막연한 기대 때문
에 수직적 내려감은,

봄에는 황사처럼 아지랭이처럼 미쳐
수유리 하늘 끝에서
고요히 가물거리다 스러지고 싶다.
──「망제望祭」 부분

에서 보듯, 수직적 올라감이다. 그러나 그 수직적 내려
감─올라감이 구원이 아님을 자아는 기실 알고 있다. 이
미 얘기했듯, 그리고 인용문들에서도 보이듯, 올라가거
나 내려가 도달한 세계는 생명의 세계가 아니라 죽음의
세계이기 때문이다. 다만 그 죽음에의 도달함이 자신을
말갛게 깨게 해주길 기원했을 뿐이다. 하지만 말갛게
깸 그 자체도 뜻 없는 것임을 자아는 어느 순간 깨닫는
다. 무덤으로의 내려감은 세계로부터의 탈출이 아니라
세계의 외면이었을 뿐이다.

이 세계를 나는 죽였다. 그리고
마지막으로 두 손을 씻고서

나는 돌아섰다.
지루한 업무를 비로소 끝낸 인턴처럼.

그리고 안드레이 오 안드레이
너는 거기 앉아 있었다.
바다 건너 네 사후死後의 방房 안에,
죽은 미래를 깔고서, 고요히.
—「죽음은 이미 달콤하지 않다」 부분

이 세계를 죽이면서, 혹은 이 세계에서 돌아서면서, 자아는 문득 자신과 같이 탈출해야 할 다른 사람은 여전히 이 세계 안에, 사막의 세계 속에 갇혀 있음을 본다. 나의 탈출은 다른 사람들에게 아무 의미가 없을뿐더러, 다른 사람들을 외면한 것이다. 그 절망적 직면(!)은 충격이다. 나는 간힘에서 나온다고 생각했지만 스스로 가둠일 뿐이었던 것이다. "끊임없이 문을 닫아 걸었고/귀와 눈을 닫아 걸었"으며 제 자신 "철저한 조건반사의 기계"가 된 것이다. 세계로부터의 탈출은 세계 속에 갇힘의 이면이었을 뿐이다. 그래서 자아는 탄식조로 고백한다.

일찍이 나는 흘러가는 것은 마찬가지라고 생각했었다
다른 사람들이 길이로 넓이로 흘러가는 동안
나는 깊이로 흘러가는 것뿐이라고.
그러나 깨닫고 보면 참으로 엄청나구나.

내가 파놓은 이 심연

드디어는 내 발목을 낚아챌

무지몽매한 이 심연.

—「산산散散하게, 선仙에게」 부분

홀러감/홀러가지 않음, 수평성/수직성의 대립은 올바른 대립이 되지 못하고, 함께 부정적인, "서로 구원할 수 없는" 무의미한 대립이 된다. 그래서 자아는 무덤으로도, 삶으로도 어느 한쪽으로 나아가지 못하며, 그 사이에 엉거주춤하게, "시간과 죽음 사이로/가랑이를 벌리고 앉아"(「솔리테어」) 운명의 도박을 걸며, 수직적 지향은 수평적인 것에 걸려,

어린 날의 메아리가 되살아나

흐야 호 바다로 내달아

바다!

일어나!

솟구쳐!

위로

위로

정점의 피

태양

—「여의도 광시곡」 부분

의 모양처럼 사선이 되고 만다.

　수직적 내려감의 헛됨, 그 헛됨의 헛됨에 대한 인식은 자아에게 새로운 깨달음을 가져다준다. 그 깨달음은, 이 세계에 사는 것이 비극이라 할지라도 어쨌든 살아갈 수밖에 없다는 깨달음이다. 이 세계는 비유가 아니라 있는 그대로 현실일 뿐이다. "모든 것은 콘크리트처럼 구체적이고 모든 것은 콘크리트 벽이다"(「그리하여 어느 날, 사랑이여」). 이때 자아는 애초에 상정했던, "다만 헛되이/헛되고 헛됨을 완성하기 위하여"(「끊임없이 나를 찾는 전화벨이 울리고」)라는 막연한 목표에 대해 반성을 가하게 된다.

> 이제 이룰 수 없는 것을 또한 이루려 하지 말며
> 헛되고 헛됨을 다 이루었다고도 말하지 말며
>
> 가거라, 사랑인지 사람인지,
> 사랑한다는 것은 너를 위해 죽는 게 아니다.
> 사랑한다는 것은 너를 위해
> 살아,
> 기다리는 것이다,
> 다만 무참히 꺾여지기 위하여.
>
> 　　　　　　　　　─「그리하여 어느 날, 사랑이여」 부분

이제 남는 것은 무참히 꺾여짐밖에 없다. 낭만주의적 지향에서 비극적 태도로 자리 옮기는 이 대목은, 그런데 이런 질문을 야기한다. 무참히 꺾여짐은 무슨 의의를 가지는가. 최승자의 시들은 좌절과 패망을 겪지 않을 수 없는 자의 절망적인 심정의 토로일 뿐인가. 단지 토로에 그친다면, 많은 평범한 시들이 그러하듯이, 우리를 고통에 홀리게 하는 것이 아닐까. 다시 말해 반편 비극의 무 그 자체일 뿐인가. 그러나 그의 시들은 기실, 무참히 꺾여짐으로써, 좌절의 극에 감으로써 우리에게 삶에 대한 새로운 깨달음을 환기시키는 시들이다. 그 사실을 우선 앞 인용문에서 유추할 수 있다. 조금 자세히 보면, 그 구절에서 "나"의 현실에서 "살아/기다림"은, "너를 위해"서이며, 동시에 "다만 무참히 꺾여지기 위하여"이다. "너"와 "무참히 꺾여짐"은 등항이 되고 있으며, 그것들이 목적이라면, "살아, 기다림"은 방법이 된다. 무슨 말인가. 풀어 쓰면 이렇다. i) 너를 위해 나는 무참히 꺾인다. ii) 살아, 기다림은 너를 위해 무참히 꺾여지기 위한 나의 행동 방법이다. iii) 다시 말해, 나는 끝내 살아 기다려 무참히 꺾여짐으로써, 그것의 처절함을 너에게 보여준다, 혹은 나의 비극의 실상을 너에게 깨닫게 해준다. 이러한 의도를 시인은 앞 인용문의 다음 구절들에서, 내 몸을 분지르고 팔과 다리를 꺾어 네 꽃병에 꽂히고 싶다라고, 또 다른 시에서는, "당신들의 필생의 악몽이 되고 싶다"(「슬로우 비디오」)라고 보다 확실하게 말한다.

그렇다면, 최승자 시의 비극은 방법적 비극인 것이다. "제 먹는 게 제 살인 줄 모르는" 거짓 의식에 온통 젖어 있고, "월급봉투가 그를 호주머니에 쑤셔 넣는" "폰 가갸" 씨처럼 사물화되어버린 우리의 삶에, 최승자의 시들은 그 삶이 비극임을 철저히 적나라하게 보여줌으로써, 그 비극의 의미를, 그 비극을 배태하는 현실의 위악성을 질문하고 충격적으로 깨닫게 해주며, 동시에 그 세계를 바꾸어야 한다는 당위를 가차 없이 촉구하는 것이다. 최승자의 시들에서 섬뜩하도록 던져지는 극언적 말투들(개새끼!, 이년! 등)은 사실, 비극을 유보 없이 보여주고 그것의 극복을 가차 없이 촉구하려는 시인의 기도의 산물이다.

그런데 그 기도는, 극언적 어법 그 자체만으로 완성될 수 있는 것이 아니다. 극언적 어법이 혐오로서가 아니라, 섬뜩한 깨달음으로서 받아들여지기 위해서는, 극언적 어법을 가능하게 하는 형태의 진행을 요구한다. 그게 없다면, 극언은 말 그대로 욕설에 불과할 것이다. 내가 보기에, 그 형태론은, 의미의 양적 첨가와 그 팽창에 의한 의미의 질적 변화—충격적 깨달음이다. 이런 시를 보자.

오늘 나는 기쁘다. 어머니는 건강하심이 증명되었고 밀
린 번역료를 받았고 낮의 어느 모임에서 수수한 남자를
소개받았으므로.

오늘도 여의도 강변에선 날개들이 풍선 돋친 듯 팔렸
고 도곡동 개나리 아파트의 밤하늘에선 달님이 별님들을
둘러앉히고 맥주 한 잔씩 돌리며 봉봉 크랙카를 깨물고
잠든 기린이의 망막에선 노란 튤립 꽃들이 까르르거리고
기린이 엄마의 꿈속에선 포니 자가용이 휘발유도 없이 잘
나가고 피곤한 기린이 아빠의 겨드랑이에선 지금 남몰래
일 센티 미터의 날개가 돋고……

수영이 삼촌 별아저씨 오늘도 캄사캄사합니다. 아저씨
들이 우리 조카들을 많이많이 사랑해주신 덕분에 오늘도
우리는 코리아의 유구한 푸른 하늘 아래 꿈 잘 꾸고 한판
잘 놀아났습니다.
　　　아싸라비아
　　　도로아미타불

　　　　　　　　　　　　　　　　　　　—「즐거운 일기」부분

언뜻 보아, 소시민적 삶의 안락함을 진술하고 있는
이 시는, 3연의 마지막 두 행 때문에 독자를 갑자기 당
황하게 만든다. 그 안락한 삶이 왜 "아싸라비아/도로아

미타불"일까. 그 당황감을 해소하기 위해 독자는 시를 다시 읽지 않을 수 없다. 다시 읽어보자. 1연에선 나의 기쁨과 기쁨의 이유가 서술된다. 그러나 기쁨의 서술 속에서 그 기쁨을 의혹케 하는 징조가 숨어 있다. "밀린 번역료"가 그것이다. 번역료는 왜 밀려 있었을까. 이 의문을 털어버리지 못하고 붙잡고 있으면, 1연 전체가 의문의 대상이 된다. 왜 어머니는 구태여 건강을 증명받아야 하는가. 나는 왜 남자를 "소개"받아야 하는가. 하지만 이 의혹들은 아직 안에 잠재해 있다. 2연에선, "나"의 기쁨이 일반인들의 기쁨으로 확대된다. 의미의 양적 확대이다. 그래서 기쁨의 현상들이 거듭 첨가된다. 그러나 그 기쁨의 현상들의 서술은 뒷부분에서 "피곤한 기린이 아빠"라는 표현을 떨어뜨려놓고 있다. 왜 기린이 아빠는 피곤할까. 이 의문 때문에 앞부분을 다시 읽으면, "포니 자가용이 휘발유도 없이 잘 나가"는 것은 "기린이 엄마의 꿈속"에서이지 현실 자체에서가 아님을 알게 된다. 그러면 꿈과 현실은 다른 것이란 말인가. 이 의문을 해결하기 위해 2연의 처음으로 되돌아가 읽으면, 우리는 "날개들이 풍선 돋친 듯" 팔린다는 표현을 발견하게 된다. 풍선들이 날개 돋친 듯 팔리는 게 아니라, 날개들이 풍선 돋친 듯 팔린다는 것은, 삶의 충만 혹은 부풀어 오름이 무수히 비상한다는 것이 아니라 삶의 비상이 "풍선"처럼 묶여 부풀려져 있다는 것을 의미한다. 이때 독자인 우리는, 현실에 묶인 꿈이 현실 속에서 허망하게 부풀려 있는 것이라는 깨달음을 은근히 권유받게 된다. 깨달음에의 권유란, 의문이 좀더 확실하게 제 모습을 갖추어 질적 변화의 조건을 준비한다는 것의 다른 이름이다. 3연의 앞 세 행도 외면적으로는 안온한 소시민적 삶의 모습들의 첨가이지만, 그것은 동시에 의문-깨달음의 명료화이다. 그 명료화로 제시되는 것이 "캄사 캄사"라는 외국인의 우리말 발음투이다. 그것의 느닷없는 돌출은 사실 느닷없는 것이 아니다. 갑자기 만난, 외국인의 우리말 발음투에 당혹해서 다시 2연으로 되돌아가면, "아파트"/"봉봉 크랙카"/"튤립"/"포니"/"센티미터" 등 외래어와 "맥주"라는 외래 술이 이미 시 속에 들어 있어 첨가-팽창되어왔던 것이다. 여기서 우리는 소시민의 안녕의 삶이 외세에 의한 허망한 삶의 이면임을 감지하게 된다. "날개"로 표상된 우리의 비상이 아니라, 외세의 침윤, 외세에 의한 묶임이었고, 그 외세는 "수영이 삼촌"이라는 표현처럼 친근하고 "별아저씨"라는 표현처럼 멋지지만, 그 친근함과 멋짐의 이면에는, 허황된 현실에의 순응과 믿음의 환상에의 강제와 마취가 숨어 있었던 것이다. 거꾸로 말하면, 한국도 조선도 고려도 아닌 "코리아"의 유구한 푸른 하늘 아래 꿈 잘 꾸고 한판 잘 놀아났"지만, 그것은 제대로 노는 것이 아니라 놀아난 것이며 실제 현실이 아니라 가짜 꿈에 불과한 것이다. 그리하여, 객체성-비주체성, 그리고 그에의 거짓 의식이 한편으로 안온한 일상적 삶의 모습들로 계속 덧붙여 서술되고 다른 한편으로 의혹의 잠재성이 밖으로 명료해지는, 양적 팽창이 극단화되었을 때, 달리 말해 깨달음의 조건들의 성숙이 막바지에 달했을 때, 그것은 마지막 두 행의 충격처럼, 끝없이 부풀어 오른 풍선의 얇은 막처럼 터져 폭발한다.

최승자 시가 드러내는 처절한 비극, 그 비극에 대한 야유·욕설 등 극언적 표현들은 단순히 말의 장난, 현실의 비하, 자기 학대가 아니다. 그 욕설·야유는 나름의 형태론적 진행에 뒷받침되어 있는 것이다. 그 형태론적 진행이, 의미의 계속적 첨가를 통한 양적 팽창의 질적 폭발이다. 그 세심하게 배려된 형태론적 진행은, 극언적 말투에 어안이 벙벙해진 독자들로 하여금 끊임없이 그의 시를 되돌아 읽게 만든다. 그 되돌아 읽음의 과정은, 바로 현실의 구조와 의미에 대한 깨달음의 과정이다.

하지만 양적 팽창이 팽창 그대로 질적 변화를 유발하지는 않는다. 질적 변화가 당연히 이루어진다면, 이 세상은 얼마나 살기가 쉬운 걸까. 모순이 극도로 차 있는 이 세계에서 말이다. 조건이 성숙되어 있다고 해서 조건 자체가 자동적으로 새로운 현실로 변모하지는 않는다. 새로운 현실의 변혁이 이루어지려면, 어떤 매개

물·과정(인간의 주체적 운동)을 필요로 한다. 가령, 물이 0°C 이하로 내려가면 얼음이 된다. 즉 양이 질로 전화한다는 고전적인 보기에서, 0°C의 물은 그대로 0°C의 얼음으로 바뀌지 않는다. 그 물이 얼음으로 변화하기 위해서는 약 400칼로리의 에너지를 필요로 한다. 마찬가지로 최승자 시의 비극의 적나라한 보여줌이 비극이 충격적인 깨달음으로 이행하기 위해서는, 그 과정을 지탱해주는 힘이 있을 때 가능하다. 무자비하게 쓰러진 나를 나는 어떻게 보여주는가. 쓰라림의 고통 속에, 그 한없는 자기 소멸 속에 휩쓸려 있지 않고, 끝까지 감당해내며 그 고통의 의미를 우리에게 환기시킬 수 있는가. 대답부터 하자면, 최승자 시의 그 지탱력, 매개물은 관념화된 자아이다.

  i) 그래서 멀리 누운 우리의 발가락에도
     때로는 빗물이 튀긴다고 하더라.

　　　　　　　　　　　　　　　　　　　　　—「망제望祭」 부분

  ii) 또다시 한 세월이 끝났을 때
     나의 무릎은 절단되어 있었고
     너의 문은 닫혀 있었다.

　　　　　　　　　—「내가 너를 너라고 부를 수 없는 곳에서」 부분

iii) 이윽고 말갛게 씻겨져 나간

　　백골의 추억으로 그대는 일어선다.

　　그대의 비인 두 눈구멍을 뚫고

　　두 줄기의 바람이 불어 간다.

—「한 목소리가」 부분

iv) 눈 감아요, 이제 곧 무서운 시간이 와요.

　　창자나 골수 같은 건 모두 쏟아버려요.

　　토해버려요, 한 시대의 썩은 음식물들을.

—「무제無題 2」 부분(윗점 강조는 인용자)

아무렇게나 뽑아본 위 인용문들에서 알 수 있듯, 최승자는 유달리 신체 부위에 대한 묘사를 즐긴다. 뿐 아니라, 문장들에서 주체는 "나"이기보다도 "나"의 신체 부위─구성물들이다. 다시 말해 최승자 시의 화자話者는 "나는 배가 아프다"라고 진술하기보다는 "나의 배가 아프다"라고 말한다. 무슨 말인가. 최승자의 시들은 시인이 방법적으로 제시하는 자아의 적나라한 비극을 자아 그 자체의 고통으로 보여주기보다는 자아의 구성물들을 통해 보여준다. 구성물들의 고통─쓰러짐, 파괴당함은 모두, 끝까지 묘사된다 하더라도 "자아"는 자아 자체로서 남는다. 자아는 끝내 남아 자신의 몸·마음의 구성물들이 쓰러지고 파괴되는 것을, 실상 그대로, 치열하

고 처절하게 보여줄 수 있도록 감당시켜주는 지탱 축이
다. 그것은 자신의 구성물들은 다 떼내면서 남은 것이
기 때문에 관념화된 자아이다. 이 자아의 확보가 있기
때문에, 최승자 시의 화자는 고통의 극한 속에서도 옹
골차고 앙칼질 수 있는 것이다. 하지만 자아의 견지는
동시에 자아에의 집착이 아닐까?

그러나 나의 몫은 이제 깊이깊이 가라앉는 일. 봐라,

저 많은 세월의 개 떼들이 나를 향해 몰려오잖니,

흰 이빨과 흰 꼬리를 치켜들고

푸른 파도를 타고 달려오잖니,

물려 죽지 않기 위해, 하지만 끝내 물려 죽으면서,

나는 깊이깊이 추락해야 해.

발바닥부터 서서히 꺼져들어가며, 참으로

연극적으로 죽어가는 게 실은 나의 사랑인 까닭에.

—「20년 후에, 지芝에게」 부분

이미 말한 바와 같이, 그리고 인용문에서 알 수 있는
바와 같이, 자아는 자아의 비극을 철저하게 보여줌으로
써, 그 비극의 의미를 깨닫게 해준다. 그래서 그 비극은
방법적 비극이다. 그런데 그 비극—연극은 "나의 사랑"
이다. 즉 내가 사랑하는 "네"가 "네 스스로 강江을 이뤄
흘러"갈 수 있도록 해주기 위한 것이다. 우리들 혹은 독

자들 혹은 화자의 사랑의 대상이, 화자의 죽음의 비극을 통해, 현실에서 삶의 의미를 깨닫고 더 나은 현실을 향해 나아갈 수 있는 조건을 마련해주겠다는 것이다. 가차 없이 꺾여 네가, 우리가 활짝 피울 꽃으로 꽃병에 꽂히겠다는 것이다. 고통으로 깊이깊이 죽어가는 자아가 화자의 실제적 자아라면, 그 죽어감이 "나의 몫"이라고 생각하는 자아는 관념화된 자아이다. 그러나 "너를 위해" 내가 죽어가는 것을 보여주겠다는 관념적 자아의 자세는 오만이 아닐까. 자아의 몫을 선험적으로, 당위적으로 부여받았다고 생각한 자의 자아에 대한 집착이 아닐까. 이미, 너와 나를 동등한 대상으로 놓기를 포기하고 있는 것은 아닐까. 고통받는 자들과 그 지반 위에서 더 나은 현실로 나아가는 자들이 따로 있는 게 아니라, 모두 함께 고통받으며, 동시에 모두 함께 현실 극복을 향해 운동하는 것은 아닐까.

그런 의문을 최승자 시의 화자는 어느새 감지하게 된다. 자아가 보여주는 고통이 아무리 처절하고 그리고 그것이 자아가 사랑하는 자들을 위한 사랑의 행위이지만, 그것은 고통의 흉내, 사랑의 흉내에 불과한 것이다.

　나는 언제나 너이고 싶었고

　너의 고통이고 싶었지만

　그러나 나는 다만 들이켜고 들이켜는

흉내를 내었을 뿐이다.

―「언젠가 다시 한번」 부분

왜 흉내인가. 그 고통·사랑이 진정하고 뜨거운 것이라 할지라도, 그 사랑의 목적인 "너"의 깨달음, "너"의 행복한 삶에의 지반 마련이 실현되는 순간, "나"는 부재하기 때문이다. 부연하자면, "나"의 부재란 너와 나의 올바른 관계의 수립을 불가능하게 하기 때문이다. 그것은 결국 "어디에도 없는 너를 피해" 달아나는 행위에 불과했던 것이다. 그 흉내는 "나"를 완벽히 소진시키지만, 나를 소진시키는 "나"는 지키겠다는, 다시 말해 나의 삶의 몫을 선험적으로 규정하고 그것에 만족하겠다는, 그럼으로써 "나"의 의의를 구하겠다는 집착에 불과하다. 거꾸로 말하면, 그러니 그 집착이 진실한 삶이 못 되고 흉내이고 만 것이다. 내 자신이 나의 행위 속에서 끊임없이 변모한다는 것을 부인하니 흉내일 수밖에.

대체로 시집의 뒷부분에서 명료하게 드러나는 이 깨달음은 내가 남을 위하여 있는 것이 아니라 남과 함께 있다는 인식을 얻어낸다. 하여 시인은

이제 그대가 내 적이 아님을 알았으니,
언제든 그대 원할 때 들어오라.

―「방放」 부분

고, 흔쾌히 말하기도 하며(인용된 구절의 시 제목의 한자
어가 방放이라는 것은 무척 흥미롭다. 그것은 집착의 풀음
이라는 뜻을 갖는 게 아닐까), 이제 남들이 흘러가듯 나
도 함께, 그러나 의식적으로 "한 세월 위에 또 한 세월
을 눕히고/나는 이제 가야"(「하산」) 한다고 다짐하고,
따라서

> 타오를 듯 푸르른 이 세계의 공포 속으로
> 내가 내려서기 시작한다.
> 안개의 계단을 하나씩 내려가며
> 마침내 나는 그를 너라고 부르기 시작한다.
>
> ─「대적對敵」 부분

에서처럼, "너"를 나와 구별되는 객체, "위함"의 대상으
로서가 아니라, 상호 통화의 대상으로, 함께 이룸의 대
상으로 받아들인다. 그래서 시인은 말한다.

> 죽어도 눈감을 수 없을 때엔
> 죽어도 눈감지 않는 게 좋습니다.
>
> ─「하산下山」 부분

죽어, 비극을 철저히 보여주는 것이 타인들의 거짓
의식을 깨우치기 위한 것이라 할지라도 더 이상 죽음을

선험적으로, 자발적으로 받아들이지 않겠다는 인식─의지의 절실한 표현이다.

하지만, 이 깨달음은 아직 명료한 형태론적 표현을 획득하고 있지 못하다. 외양적으로 드러나는 것은, 우선 신체 부위 등 자아의 구성물들의 주체화가 와해되고 자아 자신의 주체화로 담담하게 되돌아간다는 점이지만, 그 외 의식적인 시도는 보이지 않는 것 같다. 시인의 현실─우리와의 담담한 동행은 "한 경전經典이 무너지면/ 또 한 경전經典을 세우며……"(「하산」)처럼 아직 산문적으로 처리되어 있을 뿐이다. 그것은 어떤 형태를 만들어낼까. 그리고 그것은 우리가 앞으로 이뤄야 할 우리의 일상적, 그러나 새로운, 열려 있는, 언어 담론에 어떤 관계를 맺게 될까. 그 의문이 우리가 시인과 함께 풀어야 할 숙제인 것이다.

지금까지, 거칠고 지루하게 살펴본 최승자의 시 세계는, 세계관의 유형학이라는 측면에서, 다음과 같이 간략하게 요약될 수 있다. 이 세계가 모래사막처럼 의미 없는 세계라는 인식에서, 시인은 세계 이전으로 되돌아가려는 낭만주의적 충동을 느낀다. 그 세계 이전은 탄생 이전의 죽음의 세계이며, 동시에 모태의 세계이다. 죽음이라는 점에서 그것은 무無이지만, 동시에 그 죽음을 지향의 명료한 형태로 받아들였다는 점에서 전체이다.

다시 말해 무가 전체로 변한다. 그래서 그것은 모태이다. 그 전체로서의 죽음 – 모태는 남들과 달리 사는 행위, 즉 자아 홀로의 수직적 지향이다. 자아의 개인적 지향이 진정한 세계 전체가 되는 것이다. 그래서 그것은 하나[자아] 그리고 전체라는 낭만주의적 공식을 성립시킨다. 하지만, 되돌아가야 할 세계, 혹은 이승에서 벗어나 넘어가야 할 저 세계를 간단히 행복의 세계로 상정한 범박한 낭만주의자들과 달리, 그 전체는 곧 죽음이라는 점에서, 초기 루카치의 말을 빌리면 가장 정직하고 가장 극단에 간 낭만주의적 인식이라는 점에서, 그 낭만적 충동은 곧 위태로워진다. 죽음 지향이 한 걸음만 더 나가면, 죽음의 허망함(허망함을 완성하려는 노력의 허망함)으로 바뀌는 것이다. 그 깨달음을 통해 시인은 비극적 세계관으로 넘어간다. 그 세계관은 처음엔 올 데 갈 데 없는 완전한 무의 세계이지만, 곧 자신의 죽음 – 무를 철저히 보여줌으로써 타인들의 "필생의 악몽"이 되겠다는, 언제나 거짓 의식에서 깨어 있게 하는 환기력으로 작용하겠다는, 방법적 비극의 세계를 갖게 된다. 그것은 나를 철저히 죽임으로써 나[의 의의]를 살리겠다는 태도의 표현이다. 그래서 방법적 비극의 공식은 무無 그리고 하나[자아]이다. 하지만, 이 방법적 비극이 자아의 버림인 동시에 자아에의 집착이라는 깨달음, 나와 타인의 동등한 관계 설정을 포기한 것이라는 깨달음을 가지면서, 시인은 나 그리고 우리라는 변증법적 세계관의 단초로 이행한다. 나 그리고 우리라는 인식은 내가 행하는 삶과 그대가 행하는 삶이 서로 다른 층위가 아니라 같은 층위에 있다는 것, 다시 말해 나의 삶의 몫과 너의 삶의 몫이 서로 다른 것이 아니라, 함께 동일하다는 것, 행복한 삶을 이루는 것은 "나" 혼자도, 나 없는 너도 아니고, 우리 모두라는 인식이다. 그 인식의 계속적인 개진 역시, 우리가 함께 이루는 것일 뿐이다. 그렇다. 강물은 흘러가 다시 돌아오지 않고, 우리는 우리 스스로 강江을 이뤄 흘러가야만 한다. ▨